AF315501

Pupilles. Ils cultiveren
la premiere, qu'ils eurent l
enir à ce qu'ils avoient une
induits par les menaces. T
de Manlius estant adv
Protecteur du Peuple a
au Senat, accourut à Ro
Maison de l'Accusateur, &
tirant son Espée, jura qu
amp, s'il ne luy faisoit Sern
lus contre son Pere. Pompo
inte, & rapportant cela au l
a que pour cette cause, il de

prejudice des Pupilles , d
Roys s'appelle le Protecteur.
Empereur Auguste eut tan
ne , qu'il leur restitua au do
nt devenus à l'âge nubile
ns luy avoient laissez par T
dit Suetone , vel parte
à quibuscumque pare
ibi, aut statim Libris
re , aut si PVPILL
TE essent , die virilis
tiarum , cum incren
e consueverat.

par SERMENT à
veraineté qu'il pensoit avo
orraine, en faveur de l'E
I. Auquel succeda Othon
PILLE à l'âge de quatre
ant l'occasion belle pour env
embla une puissante armée,
prit la ville de LUXEMBO
e de conquerir le reste, si l
phane, mere du petit Pupill
n II. ne l'eut empeschée pa
vire. Elle le contraignit à
ques mois aprés Dieu osta

urnerent par des pernicieu
s refolutions qu'elle avoit pr
& de l'asseurance qu'elle a
int troubler les Estats de no
vante protestation : Laque
ciation elle fera avant
iée par parole de presen
toft aprés la celebrat
e approuvera & ratifie
ent avec le Roy Tres-C
les MESMES FORMES &
lle aura fait à la susdit
onciation, dont les Par

le les deduire, en voy
ntestation, l'on nous
toute forte d'audience
fous quelque couleur
défiant de la Justice, n
ons occuper par force
nt, ou mouvant Gu
que dés maintenant c
rs, on la tienne, jug
illicite, injuste & ma
pour violence, invaf
on tyrannique, & fa
n & conscience.
uvent de tout cecy, & il l

horsmis un, qui enflé de
sant connoistre sous le nom
ur, a dernierement respon
raitté de Monsieur le Co
, par un Discours si peu v
mble estre dressé, que pour t
, qui a peu de connoissance
Histoire, laquelle seule s
incre, ainsi que cette D
resse à luy, fera voir à c
la peine de la lire. Et ap
anqueront de dire de luy :
ngua fallax, non amat

EU PAR L'HISTOIRE

OU

arques sur la deuxiéme Partie du
t de Devolution de Monsieur le
r STOCKMANS.

& solides raisons, par lesquelle
nseiller Stockmans dans son deu
aitté *De Jure Devolutionis* renvers
m'ont semblées assez suffisantes d
ux, qui s'occupent à la recherch
rent qui est entre les deux Cou
ir que l'equité panche du cost
esté si inopinement attaquée pa
us Monsieur, encore que vous sça

s documents irreprochables qu...
chives, & appuyé des Authori...
storiographes : notamment d...
ance, & de ceux-là mesmes ...
ntre nous.

Je ne m'arresteray pas aux plain...
ez à l'entrée de vos dernieres R...
e l'Autheur du deuxiéme Trait...
roit égalé vostre Genie à celuy d...
que vous avez jugé d'un affaire...
mais eu l'inspection, ny conno...
ssez pas d'en juger dans vos derr...
ant : *J'ay dit que cela n'estoit pa...*
vois bien prouver si je voulois, q...
idé en cette rencontre, venoit bi...
e vous vous imaginez.

Je vous demande seulement,

it inutile.

contentons point de semblabl

ous voir que ce jugement n'a p

principes qu'il rapporte, si vo

vous croyons, autrement tout

demeure du sentiment de vost

croy de vous : *Quod* NON POSS

OLLE *prætenditur.*

enant en lice, & examinons v

rage imprimé à Paris, chez Seb

noisy Imprimeur du Roy. Voyo

Philippine de l'an 1204. (q

ar quatre raisons) est pretendu

etez à tout instant, & que dit

te en aucun endroit. Vous la trouv

u quatriéme Livre des Preuves

ant, commençant par cette Pi

rez , que ledit Frederic Su[...]
inze ans aprés l'expedition de [...]
lle *Philippe son Predecesseur* , & [...]
on par ces mots : *Inspecto diligent[...]*
IS PRINCIPIS NOST[...]
ucis *Lotharingiæ* , *communi consil[...]*
tate *concessimus eidem tale feudum*[...]
ECESSORE NOSTR[...]
nis PHILIPPO *Romanoru[...]*
ejus patentes litteras habebat conf[...]
Si vous y trouvez à contredire [...]
issiez tirer assez d'appaisement, p[...]
voStre fausse opinion , peut-eS[...]
ric ne qualifie pas noStre Pri[...]
rabant , tournez seulement deux [...]
trouverez une Lettre de Henry [...]

filio & voluntate Principum SI
VIT & concessit, &c.
ces Paroles avec la teneur de
ez s'il ne parle pas de la mesm
oute, & vous n'en sçauriez

qui y a apporté son approbation,
bsbourg en l'an 1273. au m
Lettres données à Aix, où il d
fideique constantiam, quam Illus
mes Lotharingiæ Brabantiæéque D
tram habere dignoscitur, attenden
iam placida, fructuosa & grata
n in posterum nobis poterunt exhib
ura, libertates, concessiones, co
, à divis Imperatoribus & Regi

il parle presque en mesmes term

s sinceræ devotionis fideique cons
ris Princeps Joannes Lotharingiæ
nburgis Dux ad Celsitudinem nostra
, attendentes & considerantes e
osa & grata servitia, quæ per eu
erunt exhiberi, universa feuda,
cessiones, collationes, & senter
oribus & Regibus Romanorum nos
dolpho & Frederico (ante latam
icum, depositionis sententiam)
NTECESSORIBUS,
umdem ac ipsius Ducis factas,
ut RITE & PROVIDE
latæ cognoscuntur prædicto Duci
thoritate Regalis culminis, approb

Brabantiæ & Limburgi ad celsit
e dignoscitur, attendentes, consi
, fructuosa & grata servitia, qu
osterum poterunt exhiberi. Univer
rtates, concessiones, collationes e
mperatoribus & Regibus Romanori
us, Philippo videlicet, Henric
O nostro Patre & ADOLPH
nitoribus ac hominibus eorumdem f
asque, prout RITE' ac PRO
concessæ & latæ noscuntur, E
ER GRATIAS, CON
ET COLLATIONE
ELLENSI, CIVITAT
S. Servatii TRAJECTEN
appenditiis, honoribus, juribus

apres des témoignages ti mar
guer des preuves plus fortes ?
tage pour vous faire rougir de b
bien, Monsieur, de vous cach
tre Nom, comme vous dites p
t *aussi vous dire mon Nom.* Il est
us le publiez, vous deviendriez
ur, aussi-bien que de celle de l'
Ce n'est pas encore tout, escou
mpereur Henry de Luxembourg
ner lesdites Lettres selon la coût
ait ratifiées, par Everard Chan
yence son Chancellier, & Sin
æ memoriæ, dit-il, PHILIPP
semper Augustus Illustri Principi
haringiæ & Brabantiæ Duci, &
cessionem, donationem fecit, prout
S SUPER HOC CON

NOSCI FECIMUS D

quarum tenor est talis. In nomi

Trinitatis PHILIPPUS di

a Romanorum Rex semper Augusti

anno 1204. *datum Confluentiæ, &*

TTERAS PRÆDECE

ti Ducis & sibi concessas & omnia

ipsis litteris approbamus, &c. an

n verò nostri anno primo.

Charles IV. est venu à l'Empi

ion de Jean III. Duc de Braban

edecesseurs confirmé la Consti

II. par sa Bulle donnée à Aix

349. VIII. Kal. Augusti. P

is Lotharingiæ, Brabantiæ & Li

ue Romani Imperii Marchionis, Pri

nei nostri charissimi serenitati nost

incipi Henrico quondam Lotharing
IÆ Duci & suis successoribus. La C
Philippes a esté bonne & valid
les ratifications survenuës luy o
rce & vigueur.

Mais jaçoit que nul des Emper
dé à Philippe, auroit confirm
que n'eussions apprins par une
tion Imperiale la certitude de
-il que les Histoires l'enseignent
ans vous l'a dé-jà fait voir au Ch
uxiéme Traitté, mais comme
ntez pas de l'authorité de Ursp
pportez par Butkens qu'il alleg
lippes & Otton eurent quelq
mpire, mais qu'à la fin Otto

ae Ducem trahentibus. PHILIP
OGNOMINIS FRANCI
nocentius tertius, qui Friderici e
s oderat stirpem. PRIOR Aquisg
um auspicatus est anno 1198. Eoa
venit, ac Regni adeptus insignia, bel
anti temporis habuit. Donec inter
ndiu SUPERSTES PHILI
, titulo Regis abstineret Otho : post
um usurparet. REGNAVIT PF
OS DECEM, ac Christi 1208.
quodam Palatino interficitur.
Richard Wassenbourgh Liv. 4.
Gaule Belgique. Philippe Fils de F
& Frere dudit Henry VI. fut Em
outesfois il ne fut paisible de la Cour
Electeurs incontinent aprés le decé

EURA PAISIBLE EMPEREU

SITION *faite entre luy & son*

ui, ce faisant, il bailla en Mariag

quelle composition fut faite au C

ENT DU PAPE INNOC

INCES DE GERMANIE,

i. IL REGNA EN L'EMPIRE

ans, au dernier desquels il fut mise

tué en sa Chambre mesme par un

telspach, auquel son Pere Frederic a

les grands Biens & Seigneuries.

Divæus mesme Liv. 10. que v

nous est de nostre sentiment, q

pereur en deux endroits du me

cimo Philippus Imperator. Et peu

us PACATO IMPERIO, &

Philippes 1 1 9 9.

nicum Belgicum ad annum 1 2

ippus hujus nominis I I. Dux Sue

Henrico Imperatori hujus nominis

dia tamen) nam post mortem præd

is duo electi sunt, videlicet Philip

o Comes Filius Henrici Ducis Sa

AMEN IN GERMANIA PH

UM OBTINUIT. Cœpit au

gnavit ANNIS UNDECIM. H

re confirmer par l'authorité de c

d quid adhuc egemus testibus ? Je

vous estimerez autant que tou

cent I I I. le plus grand adversa

is apprendrez hors la copie des

referentes super iis quæ ad exho
mpta devotione fecisti. SED E
UUM HONOREM qua
us, PROMPTAM GE
UNTATEM sicut dilectus Fil
r præsentium Prior Domus Camald
honestus tibi poterit viva voce fidel
quæ de ore nostro veraciter intellexi
EM TUAM rogantes & exho
atenus ad Pacem IMPERII re
intendas. Hæc breviter & simpli
t expedire credimus ad Cautelam
l. Novemb. Pontificatus nostri anno
Voilà vostre premiere raison d
contre la Constitution de Ph
aussi la seconde, sur la refutati

u melme Autheur , *alioſque eju*

ores , *atque inprimis Chriſtophoru*

es des Trophées de Brabant. Pou

vous nommez le premier Cod

ux autres ? Pourquoy ſupprime

ue vous n'alleguez jamais , par

tout contraire:Eſt-ce cela proced

Où eſt la ſincerité que devez fai

eſſence de la cauſe de voſtre Ro

oit la difference de voſtre procedé ,

voſtre ſincerité , & de celle de voſ

ue ce ſeul Code ne fournit po

ur deſtruire voſtre opinion , p

. 3. vous defiez Monſieur Stoo

ver qui approche dans ledit Coo

prie , le Diplome d'Otton I.

umum Subadvocatum habeat.

Il ordonne aussi: si nostram Con
mpserit, &c. TERRAM SU
ERA REGIS SIBI ABJ
CIAT.

Item, il ordonne deux autres c
caire, ou Sous-advoüé : & fur
nstitution HOC NOSTRU
ONSTITUTUM *de Advocatia*

Pour vous confondre davant
de, lisez la Bulle d'Otton II.
itué aux Moines de saint Bavo
situées INFRA REGNI SU
avoir, *In pago Tessandriæ, Nord*
omnibus appenditiis, & in pago BF
bleta, in pago quoque Rien, Bouc
es mots : *Hæc ergo omnia sub pe*

ht n appartient pas au *Braba...*
advoüerez ; aussi que le Prince ...
tions pour icelle, a authorité ...
ances pour le Brabant.
Bulle de Lothaire III. Empere...
laquelle il confirme les Droits ...
és à ladite Eglise par ses Predec...
paravant. C'est donc de toute a...
s Empereurs ont fait des Reg...
ances & Constitutions pour ...

faire une exacte recherche da...
n trouveroit encore de semblabl...
riales au regard des personnes ...
, comme est celle de saint He...
en faveur de Balderic Evesque ...
DERIC COMTE DE LOU...

Je commenceray du neufieme fi[

eur Arnulphe a donné l'Abbay[

Maftricht à Ratbode Archevef[

Lettres données à Francfort en[

s *l.* 2. *donat. Belg. cap.* 1 3.

L'Empereur Othon I. au dixié[

né la fondation de l'Abbaye de[

Wibert l'an 9 2 2. par une Bul[

t Miræus *lib.* 1. *Diplom. cap.*[

9 4 8. dans laquelle font infer[

tes : *Quidquid Germaniensium* ,[

OSTRI DITIONE, D[

s *ac timoratis agitur viris, ratum a*[

orari affertionibus. Et aprés : I[

icet BREIBANT. Et plus bas ,[

beant *fanè poteftatem , ficut ipfi a*[

endi *regularem , vel in illo loco.*[

s Comtes de Louvain ont esté
uché de la Lorraine inferieure
Privileges à l'Eglise de Nivell
es à Aix au mois de Juin. Elles
tice des Eglises, & porte ces mo
mentia Rex. Est Ecclesia in PAG
NSI SITA *vulgò* NIVELLA *di*
il ordonne ce qui s'ensuit : *Sic*
MUS : *quod Burgus vel Villa*
ipiis ibidem residentibus utriusque
as colunt qui in Burgo resident
cum moneta & maceria, cambis
& sylvis soli deserviant Virgi
STATEM IBI EXERCEAT C
CATUS, *nisi ab Abbatissa fuerit*
fin : *Et* HOC DECRETUM *int*
rum, &c. Et IPSO LAMBERT

ar ledit Nivelles , & en partie
ſtricht & Orten , à preſent Boil
s conſiderables Villes de Braba

Au meſme ſiecle onziéme , H
 partagé les Biens & Revenus
is portions par Bulle donnée à
vrier. 1059.

Lequel partage Lothaire III.
 en l'an 1136. Miræus *lib*.
g.

Frederic I. a confirmé les poſ
 Noſtre Dame d'Anvers , par
mmeghe au douziéme ſiecle ſu
Mois de Juin. *Dipl. l.* 1. *cap.* 6

Au 13. Siecle Henry VII. dar
es à Aix 1222. dit , avoir ordon
qui s'enſuit: PRÆCEPIT *Illuſ*

utre Lettre de la mesme Anne
catum *Brabantiæ & Lotharingi*
BIS RATIONE IMPERII T
IN FEUDUM, *à nobis tanqu*
GE *cum solemnitate consueta*,
IN FEUDUM, *& exindè*
stitit *&* FIDELITATIS DE
ENTUM. *Donat. Belg. l. 1. c*

re de Rudolphe, touchant la
Duc Jean I. dans le Droit de Rega
ertrude à Nivelles 1283. Butke

Lettres de Charles IV. au rega
de Regales 1351. & 1353. ib
Lettres de Henry VII. donné
u mois de Novembre au sujet

: *Ita quod succedere valeas & h*
ab intestato existere parentibus tuis
aliis. ibid.
Charles IV. dans sa Bulle donn
vier l'An 1 3 5 7. à cause de la d
encelein avoit eu avec Rudolphe
sur ce que tous deux ils preten
r porter l'Espée Imperiale, de
qui s'ensuit : *Considerantes, quo*
er DUCATUM BRABANT
natum prædictos à nostra Celsitudi
PIT IN FEUDUM, *nec* DE
ATUS *& Marchionatus eorumden*
it INVESTITUS, &c. *Aut*
ALI *declaramus expresse, eidem*
per præjudicium generari. Butke
Le mesme Charles avoit aup

adjoûte : *Et idem Antonius ipſ*
ABANTIÆ *cum ſuis pertinentiis*
um Rege, infrà unius anni ſpati
SUSCIPERE DEBEBIT PROPR
nobis RATIONE HUJUSMO
ſa & ſingula præſtare & facere ,
VASALLUS S. Romani Impe
ATURALI DOMINO , OBLIG
CTUS EST , *quomodolibet ,*
re.

rit , que l'Empereur Robert
lein en la meſme année , a fait
, afin qu'il luy viendroit ren
tus Imperator , dit-il *, miſſis ad*
itteris , Brabantiâ cederet , aut
ringeretur, edicebat.

thufiensium de Soelhem (propè
tiæ oppidum) *Antonii Brabanti*
d IMPERIO *jus esset acqu*
ABANTIÆ, *eo quod* FOEI
SSENT, IN EUM SUCCI
ondit benè informatus Prior , quod
SUCCESSIONE FILI
M SUNT AB ANTIQUC
vivis Imperatoribus & Regibus Ro

Ce témoignage feul vous rend
a raifon fi forte qui vous peu
, c'eft, dont vous vous vantez.
pour répondre à tout ce que vous pe
veu croire, Monfieur, que ve
langue dans la bouche, & qui
oit à jetter de la pouffiere dan

que vous barbouilles tout entier
n'estes pas moins ignorant da
pire , que dans les Privileges

tine est differente de la Tran
La Bourgogne n'est pas un men
ourgogne. L'exemption de co
, n'est pas une independence d

dans ladite Transaction , que
gne a esté de tout temps exemp
x urgentes necessitez de l'Emp
est pas sous sa jurisdiction: *Nu*
quòd ullo unquam tempore Burgu
ontributio persoluta fuerit , sed qu
buendi necessitate , tum ab univer
libera immunisque semper perstiter
cluez que le Brabant n'est po

ride part ; & cela s'exprime ne

rſonne n'en peut douter. *Quot q*

ovinciarum ad FEUDUM IM

ENT , *poſt hac quemadmodum* F

EUDATARIO *Nomine habem*

Ce qui ſe confirme par l'inſtr

ns ſtipulées le meſme jour 2 6. d

rum Provinciis IMPERIUM *j*

ſuetis , quibus annumeratur Ge

nſiſulania ac Groeninga , Lingan

res , Cum dictæ Regiones IMPE

uitate connumeratæ nihil tamen co

Voyez-vous que les Provinces

l'Imperiales , n'ont pas contri

ranſaction , & qu'icy il n'y a po

ndance , mais ſeulement d'une

buer.

ci quæ hisce verbis concepta erat.

.. Imperator, &c. Philippo Duci B
ostro salutem: Dilectionem tuam req
ut S. R. I. Principi de plenitudine
jungimus & mandamus, ut die fa
Ratisbonam te conferas datum 6.
ibus litteris obsecutus Dux Philip
uit & recessui cum aliis Statibus
aliàs per Legatos suos fecit, confite
in responsione ad Ordinum Imperii
ctioni insertas.

endum Philippum Bonum non tant
fuisse sed & in Belgio complura
disse, quorum ratione & intuitu
xius & Princeps Imperii dici poter
ri Mandato Cæsareo. Possidebat
ucatum, Lotharingiam, Brabanti

Burgundiæ vocari ad comitia. V
tribui solent Principibus à pri
qualitate, licet alius titulus n
conveniat, uti dicimus Regem Hi
aliquid in Belgio, quod ab eo no
Belgii emanavit. Ad eundem
comparuerunt in Comitiis & V
RUM NON UT DUCES E
ea qualitate, sed ut Brabantiæ,
Recipi proindè non potest, quod
gundiæ esse membrum Statuum vel C
ando nunc sufficiet, quod cum omn
gundici sigillatim in dicta transact
ommino Ducatus Burgundiæ uspia
Vostre troisiéme raison est autan
dé-jà refutées sont ridicules,
que vous citez, sont autant

tradictions bien vilibles ?
enant si ce que vous niez avoir d
s premieres Remarques translaté
in. 19. Vous dites : *Constat enim fil*
UCATUS BRABANTIÆ *an*
as fuisse. Item pag. 18. lin. 2. *Pr*
cessionis Filiarum in DUCAT
t Begga. Et pag. 18. lin. 2. des de
n'ay pas dit, comme vous le suppose
HE' DE BRABANT, *j'ay seu*
abant. Ce paralele ne fait-il pas
de vostre plume, & le peu de si
ur, ne donne-t'il pas au monde
a est iniquitas sibi? Vous vous tou
comme une piroëtte, & pensa
e de l'argument de vostre Ant
us engagez davantage dans les p

e, vous y trouverez l'explicatio
tre erreur. *Est & illud animadver*
ABANTIÆ DUCES, NON
UCES FUISSE, QUALES
un peu aprés : *Primi proindè Bra*
catus illius, qui dicebatur Austra
strasiæ Duces erant, & DUCU
stabant. De quo perantiquo Ducum
e inter alios tractat Theodorus A
copium de ædificiis Justiniani Anno
L'Authorité de Barlandus vou
traire que celle de Molan, &
e vous alleguez, vont destruire
de voltre troisiéme raifon. *Int*
t Grimoaldo, Soror ejus Begga
abantiæ aliquantulum temporis
T. Cela fignifie il qu'elle a fucc

ion Fils.

sentiment de Barlandus seul, H
ssi dans sa Genealogie des Pepin
t Tom. 4. *Begga vel Begua RE*
us Brabantiæ Tongrensisque defu
lio.

pas par ces Autheurs sapper · vo
les veu bouleverser par des plus
envie de vous mener à l'origine,
a plus haute & ancienne memo
re, puis nous retomberons su
e, & aprés nous parlerons de C
us alleguez pour un second exem
gnore que le Pays de Brabant est
s conquestes que les François
ule Belgique, aprés qu'ils eu
u 5. Siecle. Tous les Historiens
Aussi est-il constant que Pepi

que, laquelle selon le sentiment
mmencé avec la Monarchie : *L*
*n mulierem nulla portio hæreditatis
s sexus acquirit , hoc est Filii in ip-
nt.* Si vous dites, qu'il en estoi-
, & qu'il a esté exempt de su-
n, il en a peu disposer selon son
ouvoit aussi-bien succeder que l
uis que ladite Terre est venuë à
ce par Pepin le Bref, n'est-elle pa
a Loy Salique, selon l'opinion
meurée jusques à ce que par le
Empereur Lothaire l'an 870
uve Roy de France son Frere,
est demeurée Salique, & cell
enant le Brabant assujettie aux L

at jourdu temps paſſé ?

ues a pû heriter les francs Alleu

is depuis qu'ils ont changé de

nt demeurées excluës juſques à

a octroyé à noſtre Duc , qu'au

elles pourroient ſucceder.

avoir mieux reüſſi dans l'exemp

ue vous dites dans vos premier

ſuccedé dans *le Duché de Braba*

thon ſon Frere l'an 1005. *Prim*

uis filiarum in DUCATU BR

gga Pipini Filia. Et aprés quelqu

præbet Gerberga Caroli Filia ac So

abſque liberis anno 1005. *interiſſ*

ac Lambertum Montenſem ejus

ucceſſores habuit.

kmans avoit dit aſſez pour vo

eray la Genealogie des premier[s]
ant.

RAGNIER II. { RAGNIER I[I]

...ER I. {

ANSFRIDE
Comte de Lou[vain]
LAMBERT I. { & aprés Eve[sque]
Comte de Louvain. { d'Utrecht.

Notez qu'Othon I. Empereu[r]
...rt I, COMTE DE LOUVA[IN]
l'an 948. *Lamberto Comiti Lova[niensi]*
...licoso. Et par la mesme Bulle, il c[onfirme]
...rt pour luy & ses Successeurs Co[mtes]
...advoüerie de l'Abbaye de Gembl[ours]

*Il conste qu'Ansfride son Fils a[ussi]
...ffi advoüé de Gemblours, &

cques Frere de Gerberghe, qui
an 1005. ne pût estre Comte
ore, moins sa Sœur, qui ne luy su
lleuds qu'aprés sa mort qu'elle
bert, [a] que vous voyez avoir e
ant son mariage, intitulé CON
VAIN.

est à croire, que Lambert a app
n conjugale ledit Comté & qu
npire, comme Nivelles; [b] & G
s avec ses dependances. Lesqu
ette Alliance & depuis accruës p
usieurs Villes & autres Fiefs Imp
itué un si grand Corps, qu'il me
Duché, ce que [c] plusieurs croien
nps de Henry IV. Mais *Divæus lib*
E

Bello Civili cognoverat, fororioque
it : *Decennio ferè poftquam is* C
RRO NOVUM TUM
STITUTUM FUISSE, A Q
GODEFRIDI BRABAN
CTI SUNT, CERTO CE
tamen non omiffo Lotharingiæ ti
Henricum tertium folius Lotharin
bulis uterentur. Pofteriùs verò conj
& Brabantiæ Duces vocari volueru
Aprés cela demanderez vous er
vous pris dans voftre Hiftoire que
amais efté un Duché ? Il me fem
rité doit prevaloir à celle de P
eftoit eftranger, & n'a pas ef
bant *ex profeffo* comme cettuy-cy
çon, qui pourtant devoit eftre

Philippe l'Empereur l'ait rendu

titution susdite.

tifie par l'exemple de Lambert

a succedé à Othon son Neveu

ion d'Aleyde, Cunigunde & A

udit Othon, mort la mesme a

re Henry premier.

enir la réponse que vous vous va

xemple pag. 27. Laquelle ne pe

n que les Filles sont mortes deva

eric. Vous n'eschapperez pas

ce n'est pas tout de le dire, il

j'ose bien soustenir que lesdites

leur Frere Othon, puis que la C

nulphe escrite en l'an 1 2 6 1 .en f

d'Othon, marque tres-eviden

plus celebres, & par consequ

us le niez. Ces deux Autheu

? En voulez-vous un troisiéme

dans ses Genealogies le dit aussi

naci occisus & Nivellæ sepultus.

nitatu Frater suus Godefridus cum

n non habebat.

Vous le niez encore , & ce p

s les Historiens ne disent rien de ces

Miræus qui a esté si curieux de l

ulierement de celle de son Pays ,

du monde : ne le dit-il pas *in*

n cap. 1009. *fol.* 226. *Henric*

no 1086. *condidit & Tornaci* 109

io. Et aprés quelques lignes ne n

de quatre , PEPERIT AU

UATUOR ? Il dit le mesme

o ad annum 1096.

mtus Heuterus.

e Chronologique de Nivelles vc
auvaise impression, elle se trou
Childebrand de Monsieur Ch

9. *Henricus Marchio genuit QU*

, quarum una procreata est Imper
quæ fuit UXOR IMPERATOF
Hic Henricus apud Tornacum occis
davantage, car si toutes ces r
bles de vous faire changer d
oire que Henry III. a procrée c
quelles preuves seront assez for
de vostre incredulité. Est-ce le so
oy le Barbu qui vous retient,
ue vous tirez de son fait ? *Il avoi*
s à son Pere de ne point faire cout
ce qu'il eut restably les Successeurs

appartenoit de droit de Succe
que l'on raconte de luy est fort si
t rafiné nostre Histoire, dans
ssées beaucoup de choses fabuleu
Butkens répond à tout cecy Liv
Brabant fol. 106. *Mais quicon*
rd à ce qu'avons dit sur ce particuli
cét Oeuvre Chap. 2. 3. 4. & au
rra facilement juger combien ceti
par ainsi s'il y a quelque chose du r
tre Duc auroit fait de ne point cor
droy plustost croire qu'il auroit fait
x de Limbourg, qui disputoient l
a esté.

Mais je vous veu bien donner c
vœu a esté fait point au regard d
urg, mais de celuy de Lorraine

te par les forces, ains par don
pire. *Hinc manifestum est*, dit L
n de sacra militia, *quomodo sit*
ex fide vulgaris Historiæ notavit B
m Barbatum Brabanticam terran
us occupatam (DONO SCI
I, *non vi*) *primùm recuperasse.*
ffoiblit bien voſtre quatriéme
In feudis suis. Cela dites-vous
Brabant, *qui n'eſt pas un Fief dep*
il ne releve, il ne depend, il n'a

ntences vous confirmez par qu
tin Poëte, & aprés vous déplo
e pour outrager celuy qui deme
e combat.

uls contiennent-ils toutes vos

premier Traitté cap. 2 1. n. 20.
lez pag. 3 1. *Vous qui doutez q*
ief. Quæ si pro feudo haberi debeat
ourveu de sens commun pou
vous ne l'entendez pas , ou bi
liez à autre chose que à dupper

Nequities , aut vafri insciti

seules paroles du Traitté susdit
z vostre ignorance , & font vo
re Remarque : *Nam non alia fe*
Devolutioni superiùs commemorat
adjectione , quæ textui inest , quæ
ntur , INTER QUÆ NEU
A BRABANTIA , *quæ si pro*
, PRO IMPERII GERMA

qu'a celuy dans lequel cet hom
oncé ? *Quid cum illis agas, qui ne*
atque æquum sciunt ? Melius, pej
il vident, nisi quod lubet.
à vostre Poësie que vous releve
y, je vous prie, ces Vers ne so
e *in gestis Joannis tertii Ducis ?* I
avoir extrait de là. N'estiez-v
r vous acquiter du devoir d'un b
examiner les Histoires, & voir s
e au vray ce qu'il dit de l'indep
t ? Si vous vous eussiez donné t
e de l'examiner, vous n'eus
de Clerc dans un affaire de vo
vous eussiez apperceu que ce Cl
cence Poëtique, & que ses esc
s pour des Romans : *Fabulas n*

NTIÆ DUCIS PRINCIPIS NC
TI NOSTRÆ OBLATA PI
BAT.

Jean II. Pere de cestuy-cy n'a-t'il
l'an 1309.? L'Empereur Henr
   dans ses Lettres PRINCEPS
-t'il pas restitué & ADJUGE'
nvers le droit d'Estape, de Poiss
, que cy-devant le Duc avoit tra
lines, declarant ledit transpor
yez les Bulles citées fol. 21.

Jean premier son Ayeul n'a-t'il
du Duché de Brabant à Rich
68. *Constitutus nuper in nostra*
mes Dux Brabantiæ & Lotharing
STER DUCATUM BRABANT
QUEM A NOBIS RATION
RE DEBET IN FEUDUM,
AM A ROMANO REGE

us faites l'entendu au Droit de L
a jamais esté ventilé dans aucun
n'estant que devenu apprentif
Guerre , vous en voulez sçavoir p
ont consommé leur âge : ce
x plus celebres Jurisconsultes de
is dedit Gallo intelligentiam ?
ckmans pour prouver qu'il n'y
coustumier de Devolution en B
des Princes, avoit allegué le Co
de Philippe II. avec Marie Re
ans lequel Charles V. prometto
ii viendroient de ce Mariage ,
es Pays-Bas à l'exclusion de Cha
t de Philippes , & aprés il raisor

est Carolum Quintum promitten

retro Populus, Civitas, vel alia C
rectè, an ordine, an legitimè fac
, nihil interest ad usum & Consu
ndum. L. cum de consuetud. ff. de

Est-ce cela demander le princip
i est en contestation ? Vous r
us le dites de luy, pag. 3 8. Mor
é les mots du passage, par lesq
'il le demande. Je l'ay represent
onde void, que vous l'accusez à
des raisons vous ne respondez
ous glissez par un tour de soup
rgument, & recourez à la m
un asyle de ceux qui voyent leur
Vous blâmez d'ambition, ce
t de son eminent & legitime po
mande pourquoy ? Parce que

plaifant , & tousjours le mefm
on, & ignorant dans les Hifto
l pas preferé Ephraïm Cadet
Fils Aifné malgré le Pere ? *N*
quia hic eft primogenitus , ponè de
ut ejus. Qui renuens ait : Scio
quidem erit in populos & multiplic
jus minor , major erit illo.
la Gloire de la France, Prince
pas donné du vivant de fon F
Royaume d'Italie à Pepin fon f
rés la mort de Pepin , à Berna

auffi Prince de Brabant, n'a-t'il p
hauve fon Cadet fur le Throne
taine du vivant de fon Aifné L
ré fon Empire l'an 840. en tr

nner une partie à leurs puifnez ,
Loix pofitive & fondamentale
fend , felon vos Efcrivains ? Il
fiez , fi vous voulez findiquer
ait à leur imitation.

Voftre médifance n'a pas des b
fit avoir medit du Pere , le Fils
ilippe Second , fi l'on vous c
le l'Infante Elifabeth : Car au
ariage , reconnoiffant le Droit
quis fur le Pays-Bas , a changé , d
Devolution , en iceluy *de Donatio*
fe feroit-il fervy de cét artifice
e c'eftoit pour luy celer fon obli
oyen, pouvoir inferer dans le Co
ions que bonnes luy fembleroie

s'emporteroit contre ce jugeme
tez ce qu'il rapporte de ce gra
il se gouvernoit, lors qu'il s'agiss
: b Philippe II. dit-il, *des Vertus de q*
e ce jeune Prince ne puisse legitimeme
ormé par le Docteur Velasques,   d'u
il estoit besoin que Sa Majesté fit sç
a luy expliqua en ces termes : Prem
Docteur ,   & le Conseil avec qui vo
en toutes les affaires de cette natur
ROUVERA LE MOINDR
TENS QUE VOUS SOYE
CONTRE MOY.
e response est excellent en toutes l
opres mots qui sont prononcés par
ont tant de force & de grace ,   que
de transcrire ceux-cy : DOCTO

l refonne maintenant par les
ur , notamment dans voftre C
es le fourd , & cela n'empefche
à voftre mode , & que preten
nce d'injuftice au regard de fa
uel le fufdit Autheur a propof
uphin , aujourd'huy Sa Majefté
pour un Miroir d'equité , &
Vous faites une feconde Rema
t de Mariage fufmentionné : *In*
s , *Donationis inter alias caufas h*
pe quod Filia ex fe ipfa fuóque jur
obtineret.

Que beau concert ! que vos Re
fuppofitions font remarquables
tre , & voulant fauver la premi
par la feconde , & faites arr

vous faites paſſer pour la ſubſta
ts : *Joint les raiſons du partage*
re Fille l'Infante , ſelon ſes merites
iſſance. Leſquels mots ne ſont
mais bien ceux-cy : *Y joint la*
aire partage à noſtredite Fille ,
sfois, que la Copie alterée, que
ſerer dans ſon Hiſtoire , ſoit c
iel , pourtant la conſequence
ne peut eſtre bonne , ſçavoir
bligé de donner en partage à ſa
en vertu de la Devolution. Sur q
aſſage fondés - vous ce Droit
ur iceux de *Partage que devons fa*
le ſemblant. Tous ceux donc
s doivent faire partage à leurs Enfa
ſuppoſer (pour faire conclure

, *Undè statum juxta suæ prosapiæ*
ificè continuent ?

Et Saint Loüis dans la Bulle de
uelle il donne à Robert son Fr
rtois : *Idem autem Frater noster*
te terræ , quam habere debebat , se
D'autant plus puis-je dire , que l
Loix du Fief dominant de France
stant , que les partages (que vo
duire en Brabant contre l'ancier
-notoir usage) se font entre les B
ne. Car les 4. Fils de Clovis
tagé le Royaume : *Post mortem*
lovei Regis Filii ejus Theudericus ,
rtus & Clotarius Regnum ejus di
Les 4. Fils de Clotaire ont fait
tuor Filii Clotarii , dit Ivo Carn

ber les mots du texte , je le fe

presenteray la narration entiere

afin que tout le monde juge si v

ris , & si vous n'avez contrefait

ns selon vostre fantaisie;quand vo

nce du Chancelier fol. 5 2.estoit s

e d'un Officier particulier : Inter

Rex , idem Comes Luceburgi (

e ac Margaretâ Filiâ Joannis pr

Bruxellam venit , ubi IN CO

CIS ADMISSUS, *partem sibi*

deberi palam asseruit. Cui per Ro

Cancellarium , virum disertissimu

NIQUAM DUCI PROCE

DERI REGIS POSTULATI

ID AB OMNI PENE M

Brabantinos observatum sit , ne m

and hebete dans vos Classes de
roit telle explication à ce pa
us luy avez donné.

Butkens le dit encore plus cla
e : vous entenderez de luy que
it pas *d'un Officier particulier*,
z, mais que c'estoit la réponse
que la querelle du Roy estoit co
e la vostre d'aujourd'huy, qui
un droit imaginaire de Devolu
EATUR RES AGI, NON
).

Envers l'an, dit-il, 1324. *Je*
de Pologne, Comte de Luxembour
proposa qu'on luy devoit assigner
t de sa Mere Margarete de Brab
Duc, L'ON TROUVA

UT CE QU'ELLE EUS
NDRE DE LA SUCCE
LE DROIT DE BRABAN
uand il y a des FILS, LES FI
AUTRE PART, ou POI
DUCHE' QU'UNE COM
NORABLE, QU'ON LEU
L'ADVIS DU CONSEI
que par ainsi ils prioient au Roy
DE CETTE NOUVEAUT
qui y sont survenuës entre le
Brabant, ont esté pour le sujet
mont, & point à cause de ses p
bant, pour lesquelles vous croy
de l'argent au rapport de Divæ
voftre raisonnement vous di
auriez raconté des Oracles de

. Et *Pag.* 54. *que le Duc auroit*
Pretentions du Roy. Allegant l'u
de Divæus, qui l. 14. fol. 154.
Paix, faite & arrestée entre led
rs Liguez à l'arbitrage de Philip

Initio sequentis anni 1334. *cum*
tiam Pacis proferre deberet usque
lit induciis eousque prorogatis. Et
tiere aprés quelques lignes. *Me*
es *Rex edixit : Joannes Filius Duc*
vricus Filius secundus Gelri Filiam

Filiam Ducis uxorem ducerent :
censem auri summâ Dux donaret ,
odiensem : Filiam verò Gelro ipse
quosdam Hosdene propinquos pag
un peu aprés il dit, que que
ariages ont esté accomplis long-

e qui s'est passé dans cette affaire
t que nous l'avons chez nous, &
sterieur à Divæus, l'a fait impri
ire : Le Roy l'a prononcé en l
26. jour d'Aoust 1334. Lisez
utre, vous n'y trouverez pas u
e pretension du Roy de Boheme
e, arbitre entre les deux parties
pour quelque autre raison reglé l
e payer au Roy quelque Argent
eut receu du Duc pour quelqu
ce fut. Je vous le dis encore un
vous deffie de trouver la moindr
ne. Designez les mots, les lignes
ge & endroit où cela se voit. J'o
z autant au monde la verité, qu
ostre nom.

e, je l'advoüe, & Rollands a
de Gueldre, ce que vous ne f
ais le Contract de Mariage fai
ur d'Aoust 1 3 3 4. inseré dans le
sdit, ne le dit point, il n'en
ais seulement d'un Dot Pecuniai

France, *le Roy de Boheme*, &
ut voudront adviser & ordonner

Ce qui a esté fait, comme l'o
ivante dudit Traitté : *L'autre m*

Somme (de quatre-vingt-mill
uc payera audit Comte, ou à son
Mariage de leursdits Enfans sera con
e, puis le Mariage sera accompl
as, ils adjoûtent cette condition

ur : *Et s'il advenoit qu'aprés le Ma*
sdits Fils du Comte, & Fille du
isser hoir de leurs Corps, toute la

de tous les Biens.

niste a donc raison, quand il di

uct. 2. *In rem & causam nostra*

talem divisionem inter Liberos Duci

cundo geniti tertiam partem Ducati

& inter se diviserint, sed SEM

TI esse jussi sunt vel assignation

ris, vel CERTÆ PECUNIA

SUMMA, *non ad æstimatione*

, sed simpliciter & abstractìm SE

RBITRIUM (*ut verisimile est*

RUM.

a preuve de l'indivisibilité du Du

a faire voir par toutes les Gener

nesme qu'il n'estoit qu'une Co

sté demembré, ainsi que vous

		{ CUN
		{ ADE
3.	LAMBERT dit BALDERIC.	{ HEN
		{ RAG
4.	HENRY II.	{ HEN
		{ GOD
		{ ADE
		{ IDE.
5.	HENRY III.	{ IDA,
		{ 3. aut
		{ Filles.

Voilà 5. Generations , nom
us ces Enfans Cadets, qui a,
erique partage , eu part dans les
1s.

		{ GODE
6.	GODEFROY	{ HEN

ie Henry confeſſe , qu'il poſſe
ctement avec ſon Frere le Duc
mune cum Fratre meo Godefrido ,
e poſſidebam.
uprés de vous pour le partage
ns ſon enclos contient tant de
gs , Places , & Terres conſid

t encore plus eſtrange , vous
rtage eſt fait en vertu de la Dev

oy encore un Homme qui le
aites nous voir que LES SUSD
dit Godefroy conſtituent le tier
FIEF DOMINANT de Brab
aſſi impoſſible que l'autre , & d
Monſieur Stockmans a eu raiſo

mort 1142.

Monstrez le partage entre les
cy, designez les Terres qu'ils
ce qu'ils ont eu en equivalent,

8.	GODEFROY III. mort 1190. il eut deux Femmes.	1. Henr Albe 2. Guil Gode

De ces trois Fils puisnez, Perso
iens du Pere que Guillaume,
e de Peruwez. Sur quoy Monsi
ette reflexion ; *Si secundùm Jus*
& divisio facta fuisset, nihil pen

genie vous peut avoir inſpiré
us publiez comme trois Articles
ne aſſeurance nompareille.

pas aſſez adroit pour dupper ce
au jeu. Vous avez manqué tr
nt, pour nous perſuader, que
aintenant eſt indubitable. Je vo
ſtrer un ſeul Autheur qui rappo
de noſtre Perweis, qui eſt au
Condé, & diſtinct d'un troiſieſ

n parle Liv. 1. Cap. 6. ne dit ri
ra priſcis erat inter Romanduos P
um Nobilitas ; Guilielmus Godefr
a Filia Comitis Loſſenſſis genitus h

ns ſa Deſcripcion de la Terre d'A

...empeſcher que ſo...
us, & que Perſonne ne vous rep...

...s habes, linguam, malitiam atqu...
...onfidentiam, confirmitatem, Fra...
...omi habes animum, falſiloquum, falſ...

HENRY IV.
mort 1235.
MACHTILDE
ſa premiere Fem-
me morte 1211,
MARIE ſa ſecon-
de Femme morte
1226.

HENRY.
GODEFROY
gneur de Gae...
MARIE...
reur OTHO...
MARGAR...
du Comte de C...
ALEYDE C...
d'Auvergne.
MACHTILDE...

ELISABET...
MARIE mo...

t que leſdites Seigneuries luy ſo

r tout beſoin d'un truchement, c
oſtre Autheur. Butkens qui l'aſ
res doutes, le fera encore icy,
r tout, il n'a eu que la Somme
un, & qu'au meſme temps il R
autre Succeſſion qu'il pouvoit
ſon Pere & de ſa Mere, par L
l'an 1236. données la veille

de Lovanio Frater Domini Henn
Lotharingiæ & Brabantiæ, &
ſitionem feci cum prædicto Fratre n
tem cariſſimi Patris mei quondam I
Lotharingiæ, ſcilicet quod idem L
nibi, MILLE LIBRAS L
ANNUATIM IN LO

te forte de fucceffion és Biens d'…
Lifez feulement la Lettre de Je…
il donne à fa Fille naturelle Jenn…
d'Emengarde de Vilvorde, …
n, vous voirez qu'il fe fert dudit…
droits, & qu'il le prend ainfi c…
Monfieur Stockmans l'a explic…
er Traitté Cap. 21. N. 22.
Mais aprés tout, fi vous l'ap…
s, en penfez-vous profiter bea…
contraint de dire, que l'on p…
E R à un heritage D E V O L…
e fentiment, & ce que plus eft c…
rt de Pere & Mere.
Et par confequent que la Re…
yne, ne feroit pas une chofe n…
mple : Quoy qu'il ne vous faut…

faire.

ut cecy : mais qu'import-il ?

validité de la Rononciation.

tesfois deux exemples dans la M

abant, où toutes ces circonstan

:?

t de Guillaume Comte d'Auverg

mme, fille dudit Henry IV.

ONCE' en l'an 1 2 2 4. moyenn

ESSE d'une Somme de 2000.

à tous droits qu'ils pouvoient av

& Biens du Duc, par cét Acte

passé à la veüe de plusieurs P

que, tant Ecclesiastiques que

gratiâ Comes Averniæ, & Aley

a de Los , &c. Notum facim

lia ut prædictum est nobis fuerint p

entæ Libræ in sorte non computabu

atis à solutione ducentarum Librari

tus erit & absolutus , Et per hoc

s , & Ego Aleydis quondam Comi

UNCIAMUS OMNI JURI

I s & Bonis Ducis habere debet

L'autre est le Contract de Mari

, aussi Fille du mesme Henry d

uel est stipulé qu'elle conjoinct

ry & le Pere d'icelluy , RENC

x autem Filiæ suæ bis mille & quing

ensis monetæ donavit , & hac pecu

SA , quàm COMES HOLL

LIUS *ejus prætaxati in perpetuu*

ABVNT *omni* ALLODIO *& ha*

entui & omnibus quæcumque possc

x formes bien confiderables ,
4. fiecles les Filles du Duc de B
Renonciations : trouvez vous
utes les circonftances que vof
dence requiert pour leur fubfift
que dites avoir efté obmifes en c

de Machtilde dit feulement qu
ENVNCIABVNT. Celuy de
ENONCERA.
d'Aleyde, que le Duc a prom
Celuy de la Reyne, Sa Majefté (
ET.
Aleyde, quoy que leur M
temps tres-paffée, ne renonc
ainfi que vous voulez) *& en ter*
Devolution. Ce qu'elles n'auroi

oy de Boheme: *que les Filles n'ont a*
la Duché, *qu'une competence honor*
tte ancienne usance, & que c
'elles appelloient *leur heritage*,
terminée selon l'arbitrage du Co
es ou Parens du Duc ? *Si Hom*
mme dit Aleyde dans sa Reno
ndum arbitrium verisimiliter propinq
Monsieur Stockmans Tract. 2.
Ne voyez vous pas aussi com
aré du droit sentier de la verité,
ntement vous dites Pag. 83. *L*
ne par le droit escrit, DANS
vez bien que LES RENON
ONT POINT DE LIE
Enfin ne voyez vous pas, que c
i leur appartenoit sur les Alleu

ebatii ?

reres de Sainte Marthe Tom. 2

ent que le mesme S. Louys a don

tre Frere le Comté d'Anjou E

o 1246. la Feste de Pentecostes.

Chap. 4. *Ce Comté* (d'Arthois) *decl*

llé en PARTAGE *à un* PUISN

pour ce que luy appartenoit sur le l

ainsi comme membre de la Couro

pouvoit appartenir qu'aux seuls Ma

NAGES, *qui se donnent*

harge de RENONCER

ritage futur & incertain, m

ENT. *Appaner, dit vostre P*

quelqu'un, l'apportionner, est

e Bien, moyennant quoy il reno

RESENT *& futur.*

MARGARET
2.
HENRY Lantgr(ave)
ELISABETH
re.

A cét Henry succeda son Fils Aî(né)
maines, sans qu'aucune de ses
mesme Lit, en eut partage. C(e)
(dev)oit avoir esté fait, si la Devo(lution)
en leur regard. Il faut donc
(...)se qui les ait empesché, qui
(...)nt *l'indivisibilité*, pour laquelle
(...)ve de Hesse & Elisabeth sa Sœur
(...)esté exclu du partage, aussi-bie(n)
(...)premier Mariage. Ce qui est
(...)re assertion. *En un mot le Duché*
(...)rtage entre les Enfans du premier
(...) faut donc premierement mon(trer)

nry V. ont partagé le Duché ent
ue les Enfans des Ducs ses Anc
s que vous le pourrez prouver pl
x-cy?

s quel partage eut Marie Reyne
le trouvons pas en nostre Histoi
le, nommez nous l'Autheur q
i vous ne le pouvez point, dit
Droit de Devolution ne la rega
utrement Philippe IIL son Mar
roits de sa Femme, que les Ro
t esté de leurs propres, n'aur
nder au Duc de Brabant telle po
aines, qu'auroit peu compete
, en vertu de la Devolution.
efroy son Frere. Vous dites qu
rtage; je le dis aussi, voyons

gna *de l'advis & conseil de ses Amis*
re la Somme de 3000. Livres
les Terres & Biens du Comté d'
defroy susdit devoit prendre en f
cs subsequents, pour lesquels J
ibre chasse aux forests des mesm
Est-ce cela un partage du Duché
us dites estre DIVISIBLE, ce
nostre dispute ? Y a-t'il un Prin
nt une Principauté comme cell
son Frere, se voudroit conte
si peu de consideration en comp

12.   JEAN. I.   { GODEFROY
{ JEAN II. D
{ MARGAR
{ MARIE C

MARGARETE.
MARIE.

ces trois Sœurs, qui fut fait pa

utkens rapporte le suivant. *Le*

repos de ses Estats, faisant partag

n sorte que Jenne l'Aisnée Duchess

t aprés son trespas, TOUS S.

RES ET SEIGNEURIES E

Margarete Comtesse de Flandre

it pour sa part la somme de cent

& Marie Duchesse de Gueldre.

tre-vingt-mille Escus, laquelle rep

l'Empereur Charles IV. à L'I

Duc ratifia & confirma par Let.

le Mardy devant Pasques Flories

tion n'a-t'elle pas esté faite dire

Droit de Devolution ? Leur N

ne le pouvant obtenir , declara
encelein son Beau-frere ; allega
ivæus , qui vous est bien souve
ais peu entendu. *Porrò* , dit-il,
æ Comes , ubi Wenceslaum à Lova
tum cognovisset , se verò (licet M
rorem duxisset) in universum Braba
Legatis , partem aliquam Braban
suæ adscribi postulavit.

Ces derniers mots de vostre Au
ez à connoistre , pourquoy Louy
rtie du Brabant; ce n'estoit pas à
volution de sa Femme , mais po
re luy avoit assigné de cent & v
ce qu'on avoit differé de luy pay
lemandoit en fonds des Terres.
ein ne vouloit entendre à rien, p

...ini , dit-il , duæ erant causæ N
...Patre Ludovici ; sed post ejus mor
...i Gallorum Regis alienata. Altera q
...ia nummûm Florentinorum DOTE
...ipis à Joanne Duce promissam W
...re recusabat.

...ENNE
...ENCELIN. } Sans Enfans.

...NTOINE { JEAN IV.
PHILIPPE.

...que Philippe ait partagé avec le I
...Annales n'en font aucune menti
...uisnez de Marie de Bourgogne &

choisissez celuy qui vous semb[
t & meilleur de tous, soit A[
urnhaut, Gasbeke, ou tel qu[
posons que vostre Reyne y [
esme dans tout le Duché ; fallo[
l'Europe ? Est-ce ainsi qu'il fal[
rent ? N'y avoit-il pas d'autres [
e le Conseil du Royaume Tres-[
ré à son Monarche ? Les Barba[
façon ? Escoutez ce que Justin [
oire rapporte de la contestatio[
tamen & Xerxes pour le Roya[
c certamen, dit-il, *concordi* [
m Artaphernem, veluti ad domesti[
t, qui domi cognita causa, Xerxe[
Fraterna contentio fuit, ut nec [
victus doluerit, ipsoque litis tem[

les puisnez de Brabant, n'ont j[…]
Duché, ainsi que se partagent l[…]
il est indubitable, que la Co[…]
Devolution, reglant les Succe[…]
n'a rien de commun avec la Ma[…]
qu'icelle doit avoir une Loy par[…]
Monsieur Stockmans a suffisa[…]
vous a aussi fait voir, que vou[…]
nez que les Loix du Fief serva[…]
minant, avez parmy vous un u[…]
par la response que l'on a donn[…]
e, jslors qu'elle a pretendu le D[…]
ar Droit de Representation, ai[…]
onsieur du Puy, en termes s[…]

elle doit subir celles du Royaut...
...nne ; *Il faut*, dites-vous, *que c...*
...*maximes le veüllent ainsi*, & ...
...*mi, prenne les Loix de la chose*, à...
...Mais puis qu'il est CERTAIN...
...e VOS MAXIMES le VE...
...qui est UNI, prenne les L...
...nne : Certes le miserable Robe...
...en à plaindre, & on luy a fai...
...ce, quand l'on a adjugé à Me...
...omté dudit Arthois, en vertu...
...cale, selon vostre dire.

...Il avoit allegué toutes vos susdite...
...*ronstré que Louys VIII. par son ad...*
...*me avoit apporté le Comté d'Art...*
...OINT & UNI *d'icelle par la Posse...*
...*ntage qu'il l'avoit declaré tel poi...*
...*tée à un* PUISNE' *de Fr...*

é trop ARDENT & ACTI
NS, eut lors MOINS D'ES
DIT de Robert d'Arthois son Cou
roits du Royaume, auxquels pour n'é
our ce incertains, il ne s'arresta po
moditez qui pouvoient revenir à f
uent à son Fils. Ainsi par son juge
né l'an 1309. Robert perd son Pro
é adjugé à Mehaud sa Tante. Et u
nivent ainsi : Robert ne voulut a
ent REMPLY D'IGNORAN
de DROIT. Ains aprés la mo
& sous Louys Hutin sou Fils Aï
nouvella ses poursuites au Parleme
egne bref de Louys, fit que la dec
se rencontra sous le mesme Philip
Successeur du deffunt & genre

gonifte n'a-t'il pas eu raifon de d
ion a efté decidée *legerement & e*
s, *qu'il le doit mieux prouver qu'il*
raitté, *& que ce qu'il rapporte d*
s. Ces témoignages de deux
ans voftre Hiftoire, ne confirr
ontraire de voftre foûtenuë ? A
nt de refpect pour cette decifion
e condamne horfmis vous, &
n *Arreft fi* JUSTE *& fi* FOR
il en fut donné un fecond tout co
oifiefme.

Ne vous femble-t'il pas encore
ites paffer pour une action de
niquité & efpece d'oppreffion ?
ncore affez confondu, j'adjou
orité de Laurent Turquoys.

on a resolu d'envoyer quaran
our exploiter cette Sentence abor
t insinuée.

nesme Tribunal que 20. ans apr
hois y a esté condamné, que Je
dit son Procez, par une S E N
IPITE'E qu'un Roy Juge tre
Adversaire dudit Jean pronon
y *de France*, dit Argentré, *pr*
UTE SA PUISSANCE, *la qu*
Blois, & *la soustint de* TOUT
t un peu aprés au mesme Cha
Roy de France de vouloir placer en
oste & devotion luy fit entreprend
R UN JUGEMENT, *leq*
rtir meilleur effet.

hap. 201. *Le Roy*, dit-il, *par son p*

iter de toute la force.

D'autant plus peut-on accuser le
itance , parce que ledit Mont
ulu acquiescer , & la contesta
'aprés sa mort , par compositio
i mesme Montfort & Jenne la V
r laquelle fut convenu à l'entren
V. le 1 2. jour d'Avril 1 3 6 5 . Q
tion ne viendroit point à femme t an
sle descendant de la ligne de Bretag
rectement contraire à la Cou
esme Duché.

Reprenons l'Union d'iceluy à l
yons si vous y trouverez mieu
e dans la des-union de Braba
e depuis qu'il a esté reünis à la Fi
ler par les Loix du Royaume. Et le

dez, que la Bretagne n'est plus lu
nes Locales, mais qu'elle doit s
aume, SI IL NY EN A A
ut doncques que vous nous mons
rigine de cette publique Loy,
z devoir servir pour regle à la C
quel siecle, & par quel Roy e

nt, je vous respons que par la
vous supposez ce qui estoit en di
ntes d'Espagne ont tousjours pro
Union, ou plustost usurpation.
raitté de Vervins 1599. l'on est
icle 24. que l'Infante Elisabeth
eroit en son entier dans tous ses D
entre lesquels estoit la necessaire
Bretagne, par la representation
s I. avoit illegitimement uni à la

que le Brabant l'a tousjours e[
n'est qu'un Corps, & le plus a[
outes les Monarchies de l'Univer[
Ce qui n'empefche que le Roy[
le Poffeffeur, de la façon, con[
nftré par le Manufcrit fus-allegu[
ult. & par la refponce de l'Amba[
Empereur Sigifmond, Fol. 24.
ndrez auffi que ce que vous dites
e 74. & au commencement de la
ontre verité ; Et que la Regle g[
e vous voulez que l'on ne doute pl[
eurs exceptions : c'eft à dire que[
Fiefs Dominants, ne fe doivent p[
ftume des particuliers.
Mariana le fouftient bien expreff[
Chap. 3. du 20. Liv. que vous cit[
noribus Principatibus dir-il *her[*

rticuliers , par ces mots ſuivar

Provinciæ legibus aut more ſecus eſt ,
m putamus.

que lira avec tant ſoit peu d'at

p. 3. intitulé *del Derecho para ſucc*

bira d'abord que Mariana dit tout

e ce que vous vous imaginez

ce Chapitre de la Succeſſion Roy

oit regler ſelon le Droit commu

diſputatio ex ipſis naturæ principiis
re communi. Si toutesfois il y a , v

une Loy PARTICULIERE ,

contraire au Droit commun , i

la faut ſuivre , ce qu'il donne

ntendre par les Mots Eſpagnols ,

Pag. 78. *Que ſi las Leyes* PAR

(il ne dit pas , *locales ou popula*

SO. ſçavoir celuy qu'il traitte

y a une LOY PARTICULIE[RE]
mpoſée, telle que vous pretendez e[ſt]
avoir eſté donnée au Brabant par
pereur Philippes.

Aprés vous répondez : Je demeu[re]
ſition generale, ſçavoir : Que quan[d]

[PA]RTICULIERE DU FIEF DO[NT]

[in]dubitable, qu'il ſe doit regler ſelon
[ent]re les Loix auſquelles il ſeroit obl[igé]
[l]en cas qu'il n'y auroit pas de PA[R]
[qu']elle ne regarde nullement les ſuj[ets]
[l]Mariana veut dire par les mots
[j]ugez maintenant ſi L'HISTOI[RE]
[à] vos fictions, & ſi elle ne fai[t]
[n]de noſtre cauſe. Parlé, je vous
[t], vous plaiſt-elle encore tant c[e]
[l]64. & 65. de vos dernieres Re[ntes]

se au 4. Chapitre se refute par l[e]
y-devant deduites, & pourtant
s repeter icy : Seulement je répo[n]
t à quelques points que je n'ay p[as]
ns ce Discours.

g. 86. *Que la Renonciation de la Rey[ne]*
e par le seul defaut du payement de
qu'elle auroit toutes les conditions r[...]
cette raison, & à toutes les autr[es]
nous renvoyez pag. 89. Les per[tes]
qu'ont donné nos Escrivains, n[...]
Antagoniste, & les Autheurs [...]
& de la Suite du Dialogue, ausqu[...]
ucun de vos François n'ont o[sé]

ue vous accordez à Monsieur Stoc[...]
e la mesme pag. 89. *Que la Renonc[iation...]*

Je ne diray rien du droit de l
e, que vous dites, *ne pouvoir*
è *sur le Brabant en cas de Devo*
s Escrivains en ont dit assez : m
pas répondre à eux. Vous atten
iste : Et comme le Goliad de la
voquez à démesler ce different.
i vous avez une démangaison d
dez premierement à ce que le
tant de bruit, ainsi que vous
e sujet : ils vous defient de resp
tiennent, ce que vous ne voule
ondez-y, s'il vous plaist : m
avec des raisons si frivoles & i

gonifte vous fait voir dans la Pr
eme Traitté, combien Dieu &
es auffi les Payens deteftent l'o
les : Vous ne répondez autre ch
mgueur vous déplait.

onftre qu'un different a efté dec
eodale de Brabant fur des certai
e dites rien d'autre, finon *que vc*
le contraire fi vous voulicz, & q
ile.

egue plufieurs Autheurs tant Fra
prochables, qui difent que le dif
ppes Empereur & Otton a efté a
ftenez que *le contraire fe voit da*
nologiftes. Et pour TOUS, vo
feul.

gonifte vous renvoye à plufie

ent dans vos dernieres Remarqu
AS DIT. Et aprés vous estes
dire que vous vous monstrez *to*
Si voſtre Antagoniſte vous dit
mes que l'on pourroit trouver
ANT EST UN FIEF DE L'E
ſez au monde, *qu'il doute que le B*
Si le meſme vous dit, qu'il a en
ument Authentique du Mariag
ngue Françoiſe, & qu'il vous
us dites, *qu'il ignore que ledit In*
ginellement en François.
Si voſtre Antagoniſte vous dit
Liege & Godefroy de Louv
ns la Succeſſion de Godefroy leu
vriez monstrer ce qu'il nie, ré
de le prouver.

voltre Livre ; Mais, *Non quſi je ipſ*
batus eſt. Vous vous vantez bien ſo
s & capacité : Cependant vous
tagoniſte de preſomption. Vo
modeſtie & ſouffrance : Cepend
ar tout que vous plaindre par
& outrageux, de ce qu'il vous
n trouve le mot de verité cent
Remarques, & il eſt tousjours
lume : Cependant tout ce que v
à autre fin, qu'à la deſtruire.
paroiſtre ſans fard, & *tout ent*
le maſque de cette vertu, vous
nper les Idiots. *Totius injuſtitiæ n*
tam eorum, qui tum cum maximè
t viri boni eſſe videantur.

F I N.

9 782329 215358